KARL MARX

Klassenkampf und Kapital – Der Mensch im Mittelpunkt

Verfasst von Gabriel Verboomen
In Zusammenarbeit mit Brigitte Feys
Übersetzt von Ruth Alvermann

Business 50MINUTEN.de

KARL MARX

Klassenkampf und Kapital –
Der Mensch im Mittelpunkt

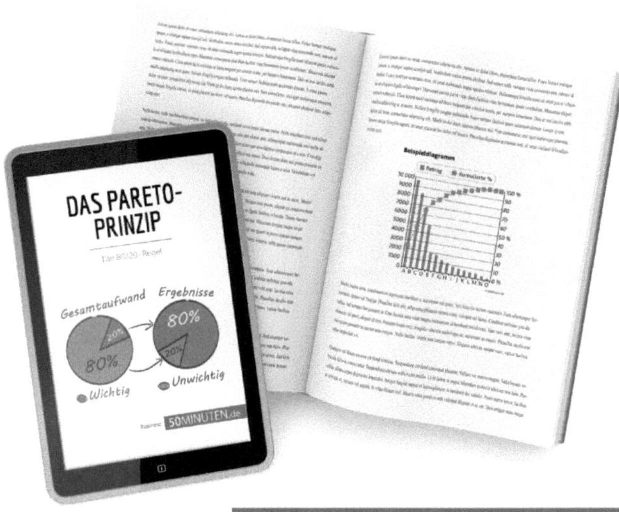

KARL MARX

- **geboren:** 5. Mai 1818 in Trier
- **gestorben:** 14. März 1883 in London
- **Einflüsse:**
  - Philosophisch betrachtet identifiziert sich Marx zunächst intensiv mit den Schriften von Georg Wilhelm Friedrich Hegel (deutscher Philosoph, 1770-1831), dem wichtigsten Vertreter des damals in Deutschland vorherrschenden Deutschen Idealismus („klassische deutsche Philosophie"). Später wendet sich Marx allerdings radikal von Hegels Lehren ab.
  - Marx' politische Vision wurde maßgeblich vom Frühsozialismus (utopischer Sozialismus) beeinflusst, dessen Vertreter (wie Charles Fourier (französischer Gesellschaftstheoretiker und Kapitalismus-Kritiker, 1772-1837) oder Henri de Saint-Simon (französischer Intellektueller, Autor, Philosoph und Namensgeber des Saint-Simonismus, 1760-1825)) sich unter

anderem eine humanistische, harmonische Gesellschaft mit ausgeprägtem Gemeinschaftssinn unter Leitung von Gelehrten und Künstlern erträumen. Doch Marx selbst grenzt seine Ideen später scharf davon ab und verurteilt das Konzept als unwissenschaftlichen Idealismus.

  ◦ Marx' Wirtschaftskonzept stellt im Wesentlichen eine detailliertere Weiterführung von David Ricardos (britischer Wirtschaftswissenschaftler und führender Vertreter der klassischen Nationalökonomie, 1772-1823) Arbeiten dar. Den größten wirtschaftspolitischen Einfluss hat dabei sicherlich Ricardos Auslegung der Arbeitswerttheorie (AWT) zum Zusammenhang von Arbeitslohn und Produktionswert.

- **bekannteste Werke:**
  ◦ *Die heilige Familie, oder Kritik der kritischen Kritik: Gegen Bruno Bauer & Consorten* (mit Co-Autor Friedrich Engels), 1845
  ◦ *Die deutsche Ideologie* (mit Co-Autor Friedrich Engels), 1845/46
  ◦ *Das Elend der Philosophie: Antwort auf Proudhons „Philosophie des Elends"* (Original

auf Französisch: *Misère de la philosophie: Réponse a la philosophie de la misère de M. Proudhon*), 1847
  - *Manifest der Kommunistischen Partei* (mit Co-Autor Friedrich Engels), 1848
  - *Das Kapital: Kritik der politischen Oekonomie*, Bd. 1, 1867
- **Schlüsselwörter:**
  - <u>Entfremdung</u>: Die Menschen werden sich selbst fremd. Da sie die Früchte ihrer eigenen Arbeit nicht mehr selbst ernten, (weil die Arbeit, die sie leisten, im System des Kapitalismus nicht mehr ihnen selbst, sondern anderen zugutekommt,) definieren sie sich auch immer weniger über die Qualität, die sie produzieren – sind sie am Fließband doch nur noch winzige Glieder einer übermächtigen Kette.
  - <u>Kapitalismus</u>: Marx definiert den Kapitalismus als politisches, gesellschaftliches und wirtschaftliches System, das nach immer mehr Wert strebt. Die Kapitalisten besitzen die Produktionsmittel, finanzieren die Unternehmen, stellen Arbeiter an und erreichen dabei eine systematische Wertsteigerung ihres Ausgangskapitals.

- **Kommunismus**: Politisches und gesellschaftliches System, das die Enteignung aller materiellen Güter und Produktionsmittel und deren Freistellung zur gemeinschaftlichen Nutzung fordert.

- **Historischer Materialismus**: Theorie, nach der der Mensch in dialektischem Bezug zu seiner Umwelt steht – oder anders ausgedrückt das natürliche Produkt seiner Umwelt darstellt, das er im Rahmen seiner Möglichkeiten durch seine Arbeit zu verändern versucht. So wird die Geschichte zum Produkt des Klassenkampfes zwischen den Gesellschaftsschichten, die ihrerseits der Realität der Produktionsweisen unterworfen sind.

- **Liberalismus**: Doktrin, nach der Handlungs- und Meinungsfreiheit des Individuums den höchsten Stellenwert einnehmen, was sich zugunsten des Allgemeinwohls auswirkt. Wirtschaftsliberalismus setzt auf eine über den Markt (Angebot und Nachfrage) selbstregulierte Wirtschaft ohne staatliche Einmischung. Grundannahmen dabei sind die Handlungsfreiheit des rational denkenden Individuums (Homo oeconomicus) und das

Recht auf Privateigentum in einem System von freier Marktwirtschaft und Freihandel. All dies soll der Theorie nach langfristig den Reichtum einer Gesellschaft fördern.

- <u>Klassenkampf</u>: Opposition zwischen einem Teil der Bevölkerung, der durch den gemeinschaftlichen Drang zur Rebellion geeint wird, und einer weiteren Schicht, die dem gegenübersteht. Marx definiert vor allem zwei Klassen: die „untätige", kapitalistische Bourgeoisie und die wesentlich größere Masse des notgedrungen „fleißigen" Proletariats. Die Macht liegt in den Händen der Kapitalisten, die den Proletariern ihre Wünsche aufzwingen und ihnen – ganz nach dem Vorbild der abstrakten Vorstellung im christlichen Glauben – (in ungewisser Ferne) eine bessere Zukunft versprechen.
- <u>Profit</u>: Teil des im Rahmen der Produktion geschaffenen Mehrwerts, der jedoch nicht an die Arbeiter ausgezahlt wird, die ihn erschaffen haben, sondern vom kapitalistischen Besitzer der Produktionsmittel selbst eingestrichen wird.

EINLEITUNG

In der ersten Hälfte des 19. Jahrhunderts wird die europäische Wirtschaftspolitik vornehmlich von der klassischen Nationalökonomie und einem entsprechenden Wirtschaftsliberalismus geprägt – vertreten durch Theoretiker wie etwa David Ricardo oder Adam Smith (schottischer Ökonom, 1723-1790). In der zweiten Hälfte des Jahrhunderts entwickelt sich dagegen unter Federführung von Karl Marx und Friedrich Engels (deutscher Philosoph, Sozialist und Gesellschafstheoretiker, 1820-1895) mit dem Historischen Materialismus eine Weltanschauung, die die Probleme des noch jungen modernen Kapitalismus anprangert.

GUT ZU WISSEN: INDUSTRIELLE REVOLUTION UND ENTWICKLUNG DES MODERNEN KAPITALISMUS

Das 19. Jahrhundert wird in Europa maßgeblich durch die industrielle Revolution bestimmt. Mit der rapiden Entwicklung neuer Technologien gehen bedeutende gesellschaftliche Veränderungen einher, wie etwa der Übergang von kleinen handwerklichen Betrieben hin zur industriellen Massenfertigung. In diesem Kontext entwickelt sich auch der moderne Kapitalismus auf Grundlage des Privatbesitzes von Produktionsmitteln (durch Personen, die jedoch nicht selbst mit diesen Werkzeugen arbeiten).

Ein weiterer Nebeneffekt des modernen Kapitalismus ist die immer stärkere Ausprägung der Unterschiede zwischen den sozialen Schichten. Je mehr der zunehmend mächtigen bürgerlichen Kapitalisten ins Spiel kommen, desto mehr revolutionäre Ideen kursieren auch unter den Arbeitern. Für Philosophen wie Marx zeigt sich dabei immer offensichtlicher, dass Politik und Wirtschaft kaum durch private Eliten bestimmt werden können, ohne dabei maßlose Ungerechtigkeit zu erzeugen. Dementsprechend kritisiert Marx fortan die vorherrschende Wirtschaftspolitik – geprägt von Bourgeoisie und Kapitalismus – und entwickelt sein eigenes Konzept des dialektischen historischen Materialismus.

In Marx' Vorstellung hat die industrielle Revolution eine ungünstige Entwicklung genommen. Dem Philosophen zufolge spricht jedoch auch nichts dagegen, dass die Gewinne derselben wiederum der gesamten Gesellschaft zugeführt werden und so deren weiterer Entwicklung zugutekommen.

LEBEN

BIOGRAFIE

Marx ist das dritte Kind einer ursprünglich jüdischen Großfamilie, die jedoch später zum Protestantismus konvertiert. In Bonn studiert er zunächst Rechtswissenschaften und Buchhaltung, danach zudem aus Interesse Geschichte und Philosophie in Berlin. Dort schließt er sich auch dem Kreis der „Links-" bzw. „Junghegelianer" an. Anfangs identifiziert sich Marx noch mit Hegels Philosophie, doch in späteren Jahren steht er dieser zunehmend kritisch gegenüber. In der Hoffnung auf eine Berufung zum Professor promoviert er schließlich in Philosophie.

Seinem Enthusiasmus für den Frühsozialismus (utopischer Sozialismus) und Interesse für Wirtschaftsthemen generell – so rebelliert Marx schon früh gegen die Machenschaften des Kapitalismus – folgend entwirft der Philosoph sein eigenes Konzept des globalen historischen Materialismus und schließt sich der sozialistischen und kommunistischen Bewegung in Deutschland an. Dabei nimmt er an revolutionären Aktivitäten von Arbeiterverbänden in ganz Europa teil.

Da Marx' radikale philosophische Position eine Universitätslaufbahn verhindert, tritt er 1842 stattdessen der Redaktion der *Rheinischen Zeitung für Politik, Handel und Gewerbe* bei. Wenige Monate später wird er zum Chefredakteur des liberalen Kölner Blatts. Doch schon im Folgejahr wird die Zeitung von der Zensur verboten. Ebenfalls 1843 heiratet Marx Jenny von Westphalen (1814-1881), die Tochter eines hochrangigen preußischen Beamten, und zieht kurz darauf gemeinsam mit ihr nach Paris.

Marx stürzt sich nun in seine Theorien zur Funktionsweise von Politik und Wirtschaft. 1844 trifft er in Paris Friedrich Engels, mit dem er sich rege austauscht. Zudem gründet er dort die Zeitschrift *Deutsch-Französische Jahrbücher*, worin auch seine Schrift „Zur Kritik der Hegelschen Rechtsphilosophie" erscheint. Hegels Definition des Staates als Wirklichkeit der Vernunft stellt Marx seine eigene Definition gegenüber: Ihm zufolge ist ein Staat das Ergebnis von Machtgefügen.

Zur gleichen Zeit formuliert Marx auch seine Konzepte der Entfremdung und des historischen Materialismus. 1845 wird der Philosoph wegen seiner Absolutismus-kritischen Schriften auf Druck der preußischen Regierung aus Frankreich ausgewiesen und zieht nach Brüssel. 1848 veröffentlicht er dort gemeinsam mit Engels das *Manifest der Kommunistischen Partei*, das mit dem berühmten Aufruf „Proletarier aller Länder, vereinigt euch!" endet.

Nach der französischen Februarrevolution von 1848 kehrt Marx zunächst zurück nach Paris, schließlich nach Köln. Dort gründet er die *Neue Rheinische Zeitung: Organ der Demokratie*. 1849 muss Marx abermals ins Exil und zieht nach England, wo er in extremer Armut lebt.

Marx' wichtigstes Werk, *Das Kapital* – eher eine Kritik an der Wirtschaftspolitik als eine Wirtschaftsabhandlung im eigentlichen Sinn –, erscheint allerdings erst wesentlich später. Der erste Band wird 1867 veröffentlicht, die folgenden beiden Bände lediglich nach dem Tod des revolutionären Autors (1883), 1885 bzw. 1894, nachdem Engels Marx' Manuskripte zusammengestellt und zu einer finalen Fassung umgearbeitet hat.

Diverse weitere Strömungen leiten sich von Marx' Theorien ab und lassen sich dementsprechend unter dem Begriff „Marxismus" zusammenfassen. In den letzten Jahren seines Lebens frequentiert der Philosoph immer mehr Sozialisten und prägt dabei maßgeblich die Ideen des europäischen Sozialismus des 20. Jahrhunderts, besonders in Bezug auf gesellschaftliche, politische und wirtschaftliche Umstrukturierungen in diversen Ländern. Zahlreiche Revolutionsbewegungen beanspruchen so Marx' Gedankengut für sich, unter anderem die russische Oktoberrevolution von 1917, die nach dem Ende der Zarenherrschaft die gewaltsame Machtübernahme der Bolschewiken unter Lenin einläutet.

ZEITGENOSSEN

Marx widerspricht entschieden den vorherrschenden Theorien der politischen Ökonomie. Zu den markantesten zählen die der bekannten Wirtschaftswissenschaftler Smith und Ricardo:

- Adam Smith, Autor von *Der Wohlstand der Nationen: Eine Untersuchung seiner Natur und seiner Ursachen* (1776, Originaltitel: *An Inquiry Into the Nature and Causes of the*

Wealth of Nations), gilt als Begründer der klassischen Nationalökonomie. Er wird stark von den Vertretern des neueren Empirismus beeinflusst und ist davon überzeugt, dass Wirtschaft keinerlei (staatliche) Kontrolle benötigt, da das allgemeine Profitstreben der Individuen automatisch zur bestmöglichen Situation für die Gesamtbevölkerung führt.

- David Ricardo entwirft seinerseits eine Produktionstheorie, die Marx zufolge allzu kategorisch zwischen dem Einfluss von Kapital und Arbeit unterscheidet – stellt doch Kapital nach Marx' Definition lediglich einen Überschuss an Arbeit dar, der den Arbeitern quasi „gestohlen" wird, anstatt entsprechende Gewinne an sie weiterzuleiten. Zudem entwickelt Ricardo die Theorie der komparativen Kostenvorteile, die unmittelbar die Weichen für Frederick Winslow Taylors (amerikanischer Ingenieur, 1856-1915) spätere Erkenntnisse zum Scientific Management (Wissenschaftliche Betriebsführung) stellt. Dabei wird angenommen, dass einzig ein „one best way" existiert (eine konkrete Weise, um eine bestimmte Arbeit mit optimaler Effizienz zu erledigen) – der entsprechend für alle Arbeiter gleichermaßen vorgegeben wird. Für Marx stellt dies Entfremdung in ihrer extremsten Form dar. Taylors Prinzip der Arbeitsorganisation und die von Henry Ford (amerikanischer Industrieller und Gründer der *Ford Motor Company*, 1863-1947) entwickelte Technik der Massenproduktion durch Fließbandarbeit wenden das „one best way"-Konzept jedoch konsequent auf ganze Unternehmen an.

GUT ZU WISSEN: KOMPARATIVER KOSTENVORTEIL

Ricardos Theorie der komparativen Kostenvorteile belegt quantitativ, dass miteinander im Wettbewerb stehende Länder stets am meisten davon profitieren, sich jeweils auf die Art der Produktion zu spezialisieren, worin sie über einen möglichst absoluten Vorteil (oder über nur relativ geringe Nachteile) verfügen. Dabei sollten sämtliche nationale Ressourcen für diese Produktion mobilisiert werden, um die Produkte anschließend mit den anderen Ländern handeln zu können.

Friedrich Engels kämpft dagegen aktiv Seite an Seite mit Marx gegen die Übel des Kapitalismus und folgt ihm sogar ins belgische Exil. Viele von Marx' Werken, unter anderem das *Manifest der Kommunistischen Partei* und *Die deutsche Ideologie* sind in Co-Autorschaft mit Engels entstanden. Letztlich ist es auch Engels, der nach dem Tod seines Freundes den zweiten und dritten Band von *Das Kapital* nach dessen Aufzeichnungen herausbringt.

Neben Marx und Engels haben in dieser Epoche noch zahlreiche weitere Ökonomen das Konzept des Kapitalismus untersucht und konstruktiv kritisiert. Dazu zählen beispielsweise:

- Gustave de Molinari (belgischer Ökonom, 1819-1912), der die Funktionsbedingungen des Kapitalismus und vor allem die Bedeutung der Verfügbarkeit von Marktdaten analysiert hat. Besonders auf dem Arbeitsmarkt sollten Arbeiter laut de Molinari genauestens über Arbeitskraft-Angebot und -Nachfrage in ihrer Branche informiert sein, um ihre Leistungsansprüche optimal aushandeln zu können.
- Clément Juglar (französischer Arzt und Ökonom, 1819-1905), der von regelmäßigen

Konjunkturzyklen ausgeht und damit die Wachstumshypothesen des Kapitalismus infrage stellt.

- John Elliott Cairnes (irischer Ökonom, 1823-1875), der anmerkt, dass die politische Ökonomie grundsätzlich einen äußerst kapitalistischen Analyseansatz vertritt, indem Arbeit als „Kostenpunkt" betrachtet wird – während eine sozialere Wirtschaftsperspektive Lohn als Ziel an sich nahelegen würde.

- William Stanley Jevons (englischer Ökonom und Logiker, 1835-1882), der auf ein Paradox („Jevons' Paradoxon") der wachstumsbasierten kapitalistischen Wirtschaft hinweist: Sobald technischer Fortschritt die effizientere Nutzung bestimmter Rohstoffe ermöglicht, resultiert daraus empirisch eher ein gesteigerter Abbau als eine Schonung der Bestände dieser Rohstoffe, obwohl dies eigentlich im Interesse der Allgemeinheit stünde. Stattdessen drängen individuell-egoistische Wachstumsinteressen dazu, den Abbau nur noch intensiver fortzusetzen, solange dies nicht von einer regulierenden Behörde unterbunden wird.

- John Maynard Keynes (britischer Ökonom und Mathematiker, 1883-1946), der als

Gegenposition zu Marx' Arbeiten die Nachfrage anstelle der Produktion ins Zentrum der Wirtschaft rückt. Keynes zufolge muss ein kapitalistischer Unternehmer seine Produkte verkaufen, um Gewinn machen zu können. Voraussetzung dafür ist jedoch, dass das Proletariat über ausreichend Kaufkraft verfügt. So wird die Wirtschaft zu einem Zyklus, der vom Wohlstand aller Akteure abhängig ist.

GUT ZU WISSEN: NACH WIE VOR AKTUELL

Abgesehen von Marx' Zeitgenossen haben sich auch später noch zahlreiche weitere Autoren darum bemüht, Marx' Werk aktuell zu halten – und das gilt bis heute. Dazu zählen unter anderem zwei französische Soziologen, die im Kapitel <u>Ergänzungen und verwandte Modelle (Soziologie)</u> nochmals erwähnt werden sollen:

- Henri Mendras (1927-2003), der Marx' System sozialer Klassen infrage stellt und im Rahmen einer Analyse zur (aktualisierten) Gesellschaftsschichtenbildung eine „kosmografische Vision" selbiger entwickelt

- Pierre Bourdieu (1930-2002), der die traditionellen wissenschaftlichen Dualismen (z. B. Theorie vs. Empirie) entschieden ablehnt und Marx' Theorie des Klassenkampfs zwischen den Gesellschaftsschichten in seinem Konzept des sozialen Raums um weitere interessante Dimensionen ergänzt hat

MARX' BEITRAG ZUR WIRTSCHAFTS-GESCHICHTE

DER MENSCH IM ZENTRUM VON MARX' ÜBERLEGUNGEN

Ursprünglich versteht sich Marx als Philosophie-Historiker. Seine früheren Werke umreißen so gewissermaßen den allgemeinen Kontext, aus dem sich später nach und nach seine spezifische Kritik der politischen Ökonomie ableitet.

Während andere deutsche Denker der Epoche vorwiegend idealistisch auftreten und sich auf Hegels Philosophie berufen, positioniert sich Marx – ohne Hegel damit direkt entgegenzutreten – eher als Materialist und entwickelt seine These des historischen Materialismus, die er in *Die deutsche Ideologie* ausformuliert. Dabei wendet er Hegels Dialektik auf radikalste Weise an und präsentiert die Menschen zugleich als Produkt und als Schöpfer ihrer Umwelt: Das

Umfeld (insbesondere das wirtschaftliche) bestimmt zwar, wer jemand ist, doch durch eigene
Arbeit kann der Mensch seinerseits sein Umfeld
verändern. So stellt diese Macht, etwas zu verändern, ebenfalls einen essentiellen Bestandteil
der Identität einer Person dar.

Wie schon der deutsche Philosoph Friedrich
Nietzsche (1844-1900) und der österreichische
Begründer der Psychoanalyse, Sigmund Freud
(1856-1939), zählt auch Marx zu den „Meistern
des Verdachts"[1] und „Diskursbegründern"[2]. Alle
drei stellen die Werte ihrer Zeit grundlegend
infrage und belegen deren Unnatürlichkeit. Marx
zufolge werden „Werte" aus dem definiert, was
die Mächtigen den Unterlegenen aufdrängen,
während der Klassenkampf wesentlich unter-
schwelliger vonstattengeht als eine einfache be-
waffnete Konfrontation. Die Bourgeoisie zwingt
dem Proletariat ihre eigenen Vorstellungen
von Gut und Böse auf und beruft sich dabei
vor allem auf die Religion. Diese dient aber
vornehmlich dem Interesse der Kapitalisten,
die die Massen der Arbeiter mithilfe einer sol-

---

1. „Maîtres du soupçon", Begriff geprägt von Paul Ricœur.
2. Vgl. Michel Foucault.

chen Ideologie nur umso besser unterdrücken können. Zusammengefasst lautet die Botschaft der Kirche etwa: „Arbeite und leide in diesem Leben für andere, im nächsten Leben wirst du dafür belohnt." Marx geht davon aus, dass sich eine Gesellschaftsordnung, die auf einer dermaßen entfremdenden Ideologie aufbaut, historisch gesehen nur begrenzt lang halten kann. Irgendwann wird sie zwangsläufig spontan zugunsten einer neuen Ordnung abgeschafft, in der den einzelnen Individuen mehr Existenzrecht zugestanden wird.

Das *Manifest der kommunistischen Partei* entspricht der politisierten Version dieses historischen Materialismus. Dabei geht es weniger um abstrakte Theorie (was einem Materialisten grundlegend widerstreben würde) als vielmehr um eine konkrete menschliche Perspektive, die sich aus den entsprechend bestehenden, sozial (Familie, Hierarchien etc.) und politisch wirksamen Rahmenbedingungen ergibt. Marx betont in diesem Werk die epochenabhängigen menschlichen Existenzbedingungen („Gattungswesen") und zitiert weiterhin die Grundannahmen der radikalen sozialistischen Aktivisten.

Das Kapital ist Marx' bedeutendstes und auch aus wirtschaftlicher Sicht ergiebigstes Werk. Ergänzend zur bisherigen Darstellung Marx' als Historiker, Philosoph, Soziologe und Politiker sollen nun seine wirtschaftlichen Theorien in den Fokus rücken, die den Aufstand des Proletariats unterstützen. Zwei Hauptbegriffe, die Marx in diesem Zusammenhang verwendet, betreffen den Mehrwert und die Akkumulation.

WERT

Das 19. Jahrhundert und die Anfänge der politischen Ökonomie werden durch eine dominante Debatte über den Ursprung und Sinn von Werthaftigkeit geprägt. So wird etwa diskutiert, wie man den Wert eines Gegenstands bzw. Produkts festlegen soll. Dabei stehen sich mit Gebrauchswert und Arbeitswert zwei verschiedene Wertkonzepte gegenüber. Als Beispiel diene hier die Ware „Brot":

Gebrauchswert

Der Brotpreis wird in Abhängigkeit vom Nutzen des Produkts für die Verbraucher definiert:

- Wenn Brot das einzige Nahrungsmittel auf dem Markt darstellt und die verfügbare Menge unter dem benötigten Minimum liegt, wird der Wert unermesslich hoch. Gibt es tatsächlich nicht mehr genug Brot, um alle Menschen zu ernähren, steigen die Preise rasant an, da eine Investition ins eigene Überleben bald für alle zur Priorität wird.

- Steigt nun jedoch die Produktion (und damit das Angebot) an und überschreitet das benötigte Minimum, nimmt der Brotwert wieder ab, je weniger die Menschen darauf angewiesen sind, das Produkt zu konsumieren. Wieviel würde jemand, der bereits gesättigt ist, noch in einen zusätzlichen Laib Brot investieren? In dieser Situation reagiert wohl jeder nach seinen persönlichen Vorlieben. Außerdem ist und bleibt der Brotwert individuell, selbst wenn Essen ein Grundbedürfnis darstellt – schließlich kann ein Bäcker kaum abschätzen, ob seine Kunden gerade hungrig sind oder nicht. Behält er jedoch die hohen Preise so bei, als ob die Produktion nicht erhöht worden wäre, wird er bald auf einem Überschuss an Brot sitzenbleiben.

Möglicherweise würden manche Bäcker lieber weiterhin hohe Preise verlangen, anstatt ihre Produktion zu steigern, um so für die lebenswichtige Nahrung, die sie verkaufen, einen hohen Profit einzustreichen. Ein solcher Umsatz würde jedoch unweigerlich zahlreiche Konkurrenten anziehen, wodurch der Produktionsumfang außer Kontrolle geriete. Letztendlich begrenzt sich der Profit also selbst. Anders ausgedrückt ist der Wert eines Produkts entsprechend abhängig von der verfügbaren Menge (Angebot) und der Dringlichkeit, mit der Verbraucher im Durchschnitt auf den Konsum angewiesen sind (Nachfrage).

Arbeitswert

Wie schon für David Ricardo berechnet sich der Wert eines Produkts auch für Marx aus der dafür aufgewendeten Produktionsarbeit bzw. aus der entsprechenden Anzahl an Arbeitsstunden. Wenn die Herstellung von einem Kilo Butter zweimal so lange dauert wie die Herstellung von einem Laib Brot, sollte das Kilogramm Butter auch doppelt so teuer sein wie das Brot, unabhängig davon, wie hoch der Bedarf der Verbraucher nach beiden Artikeln ist. Eine Arbeitsstunde (als

Zeiteinheit) hat stets den gleichen Wert, ganz gleich ob die Tätigkeit von einem Bäcker, einem Butterhersteller, einem Milchbauern oder einem Zimmermann ausgeführt wird.

Dabei ist allerdings ein ausgebildeter Bäcker bei der Butterherstellung vermutlich weniger effizient als ein professioneller Butterhersteller.

- Für Ricardo sollte eine Gesellschaft daher möglichst dafür sorgen, jedes ihrer Mitglieder auf einer optimal effizienten Position einzusetzen, also bei der Herstellung desjenigen Produkts, das das Individuum am wenigsten Zeit „kostet" – was entsprechend möglichst wenigen Einheiten anderer Produkte entspricht. Damit steigert man die Gesamtproduktion maximal, die Produkte werden durch Tauschhandel auch für die restliche Gesellschaft zugängig. In ihrer extremsten Form würde diese Überlegung zur vollständigen Arbeitsteilung führen. Wenn jeder nur noch hocheffizient einer einzigen Aufgabe nachgeht, steigt die Produktion eklatant an. Wer effizient Korn mahlen kann, mahlt demnach täglich ausschließlich Korn. Wenn jemand anders effizient Teig mischen kann, mischt diese Person fortan ausschließlich Teig.

Keiner von beiden ist letztendlich „Bäcker", doch gemeinsam bilden sie eine Bäckerei.

- Für Marx ist ein solches Arbeitskonzept jedoch entfremdend, weil sich die Individuen nicht mehr über ihre Arbeit bzw. die persönliche Veränderung ihrer Umwelt selbst definieren können. Niemand wäre mehr „Bäcker", es gäbe nur noch Kornmahler, Teigkneter, Ofenschieber, Verkäufer etc.

PREISE UND MEHRWERTVERTEILUNG

Wie also soll man Verkaufspreise festlegen und den erwirtschafteten Mehrwert aufteilen?

Auch wenn der Marktwert in der Realität meist über dem letztendlichen Arbeitswert liegt, wird das System Marx zufolge dauerhaft pervertiert, solange sich Produktionsmittel in Privatbesitz befinden. Kapitalistische Unternehmer erheben eine Art usurpatorischer Steuer auf deren Benutzung und ziehen entsprechend überzogene Summen vom erwirtschafteten Mehrwert der Arbeiter ab. Aus dieser „gestohlenen" Arbeit setzt sich das Kapital zusammen, und die Nutznießung bringt sogar immer noch weiteren Profit: Ohne selbst zu arbeiten, streichen kapitalistische Unternehmer allein durch weitere Investitionen ihres Kapitals immer mehr Gewinne ein. Dies nennt Marx kapitalistische Akkumulation.

So profitieren die Arbeiter selbst immer weniger von dem Mehrwert, den sie erwirtschaften, während die stetige Kapitalakkumulation der Unternehmer die Strukturen der gespaltenen Klassengesellschaft immer weiter festigt. In diesem Konflikt hat die kapitalistische Bourgeoisie nach Marx' Vorstellung eindeutig die Oberhand: Sie nimmt die Arbeiter nicht nur aus, sondern überzeugt diese mithilfe religiöser Argumente außerdem, dass ein solches System dem ganz natürlichen Lauf der Dinge entsprechen würde. Somit unterwirft die Bourgeoisie das Proletariat einem Wertesystem, das die Arbeiter zur bereitwilligen Selbstaufgabe bewegt.

GUT ZU WISSEN: EIN BEISPIEL FÜR PREISBILDUNG NACH DEM ARBEITSWERT

In der nachfolgenden Tabelle benötigt Person A eine Stunde, um einen Laib Brot herzustellen, und zwei Stunden für die Produktion von einem Kilo Butter.

Person B braucht hingegen zwei Stunden für einen Laib Brot und ganze fünf Stunden für ein Kilo Butter. Wenn A also ein Brot bäckt, wäre dies ein halbes Kilo Butter wert. Stellt jedoch Person B ein Brot her, würde dieses nur 2/5 eines Kilos Butter kosten. Selbst wenn Person A an sich beide Produktionstätigkeiten (wesentlich) schneller ausführt als Person B, ist A daher im Verhältnis weniger effizient in der Brotproduktion als B. Konsequenterweise wird A fortan ausschließlich Butter produzieren, B dagegen Brot. Und da B genauso lange für die Herstellung von einem Laib Brot braucht wie A für die Produktion von einem Kilo Butter (nämlich zwei Stunden), entspricht nun der Preis für ein Kilo Butter einem Laib Brot.

Preisbildung nach dem Arbeitswert

	A	B
Brot	1 Stunde	2 Stunden
1 kg Butter	2 Stunden	5 Stunden

GESETZ VOM TENDENZIELLEN FALL DER PROFITRATE

Wie bereits erwähnt definiert Marx den Wert eines Produkts durch die dafür aufgewendete Arbeitszeit. Dem technischen Fortschritt kommt dabei eine besondere Bedeutung zu:

- Einerseits reduziert effizientere Technologie die Produktionszeit, damit aber auch den Preis eines Produkts.
- Andererseits setzt die Nutzung effizienterer Technologie zunächst eine höhere Investition der kapitalistischen Unternehmer voraus, wodurch sich deren Gewinnmarge verringert – insbesondere in Anbetracht potenziell niedrigerer Absatzpreise.

Bei seinen Betrachtungen zur Preisbildung kann sich Marx nicht vorstellen, dass ein von neuen, leistungsstarken Maschinen nun effizienter gefertigtes Produkt zum gleichen Preis verkauft werden soll wie vor dem Erwerb der neuen Technologie. In seinen Augen wird der Preis einzig von der durch Menschen aufgewendeten Produktionszeit bestimmt. Und da die Arbeiter eh nur einen Minimallohn beziehen, der gerade so ihren Bedürfnissen genügt, muss die Profitmarge der kapitalistischen Unternehmer zwangsläufig von allein nach und nach immer kleiner werden, bis sie schließlich nicht mehr vorhanden ist. Anders ausgedrückt rechnet Marx damit, dass der technische Fortschritt irgendwann das natürliche Ende des Kapitalismus bedeuten wird. Die Nachfolger des Philosophen werden diese Prämisse später immer wieder heftig diskutieren. Heutzutage, im 21. Jahrhundert, ist der Kapitalismus allerdings entgegen aller Vorhersagen von Marx nachweislich noch immer weit von seinem Ende entfernt.

SCHWÄCHEN UND ERGÄNZUNGEN

SCHWÄCHEN UND KRITIK

Konzept des Zeitwerts

Wie bereits erwähnt erweist sich das Konzept des Arbeitswerts in der Realität als überaus problematisch. Die Grundannahme lautet, dass Arbeitszeit unabhängig von der ausgeführten Tätigkeit immer den gleichen Wert hat. Das trifft jedoch weder theoretisch noch praktisch zu, allein schon, da verschiedene Tätigkeiten unterschiedliche Qualifikationen erfordern. Hinzu kommt, dass Arbeitsstunden auf dem Arbeitsmarkt vorwiegend nach dem Bedarf der Arbeitgeber, nach dem Grad der Qualifikation der Arbeit und nach dem Angebot potenzieller Konkurrenz-Arbeitnehmer gehandelt werden.

Der Ansatz vernachlässigt außerdem völlig den potenziellen Nutzen eines Produkts. Wenn jedoch jeder nur das produziert, was er am effizientesten herstellen kann, ohne sich um Sinn oder gar Nachfrage für sein Produkt zu kümmern, bäckt etwa ein Bäcker immer weiter Brote, selbst wenn der Bedarf der Verbraucher längst gedeckt ist. Der Preis sinkt allerdings auch nicht, weil der Wert weiterhin ausschließlich anhand des Arbeitszeitaufwands des Bäckers berechnet wird.

Mit dem Prinzip der Planwirtschaft haben Kommunismustheoretiker versucht, dieses Problem zu umgehen. Dabei geben Planer exakt vor, wie viele Brote der Bäcker aus dem Beispiel sinnvollerweise backen sollte, um Rohstoffverschwendung zu vermeiden. Zusätzlich könnte auch die Verschwendung von Arbeitskraft vermieden werden, wenn man etwa den Bäcker für eine weitere Tätigkeit einsetzt, bei der er ebenfalls effizient ist, sobald er sein Soll an gebackenen Broten erfüllt hat.

Effiziente Produktion

Dennoch bleibt diese Form der Produktion in ihrer Effizienz immer hinter einem wohldosierten klassischen Liberalismus nach Smiths Modell zurück, wonach dem Allgemeinwohl am meisten gedient wird, wenn jeder selbst entscheidet, was er in welchen Mengen produzieren und zu welchem Preis verkaufen will.

Bei ausreichender Konkurrenz gleichen sich die Preise dabei für gewöhnlich automatisch an. Die Gesamtproduktionsmenge übersteigt auch nie den Bedarf der Verbraucher, da man sonst riskiert, bei gleichbleibenden Produktionskosten die Verkaufspreise senken zu müssen. Die Arbeitskräfte bemühen sich selbstständig um Effizienz, was sich für sie rentabel erweist. Die Rede ist von Smiths berühmter Theorie der „unsichtbaren Hand", die eine Gesellschaft zum allgemeinen Wohlstand führt, ohne dass der Staat dabei eingreifen muss.

<u>GUT ZU WISSEN: DIE UNSICHTBARE HAND</u>

Die Theorie der „unsichtbaren Hand" von Adam Smith besagt, dass individuelle Wachstumsinteressen in einer selbstregulierten Wirtschaft mit vollständiger Konkurrenz nicht nur gleichermaßen moderaten Gewinn für alle Akteure erwirtschaften, sondern auch von ganz allein Wohlstand und Verteilungsgerechtigkeit für die Allgemeinheit steigern.

In diesem Fall optimiert sich die Wohlstandsverteilung nach Marx' Kriterien, weil die Konkurrenz den übermäßigen Profit von Einzelakteuren unterbindet. Smith schlägt also vor, Herstellern Anreize für potenziell gewinnbringende Tätigkeiten zu bieten, ohne dass je irgendjemand tatsächlich daraus Profit schlägt, was ja neue Wettbewerber anlocken und somit die Konkurrenzsituation verstärken würde. Ist die Konkurrenzlage ausreichend angespannt, sinken die Verkaufspreise wieder so weit ab, bis sie den Produktionskosten – also den Löhnen der Arbeiter – entsprechen.

Smiths Modell mag effizienter erscheinen, weil es sich selbstständig reguliert. Niemand muss Zeit oder Energie aufwenden, um die Produktion zu planen und zu kontrollieren, sodass alle verfügbaren Ressourcen allein für die Produktion eingesetzt werden können. Dennoch ergeben sich auch bei diesem Modell ganz eigene Probleme. Die zugrundeliegende Prämisse der vollständigen Konkurrenz wird in der Realität nur in den seltensten Fällen erfüllt.

- Alle Hersteller sind von mittlerer Größe, die Produktionsmenge hat keinen Einfluss auf die Preise. Wenn ein Unternehmen beschließt, seine Produktion einzuschränken, hat dies kaum Auswirkungen auf den Markt – die Preise steigen dabei nicht an.
- Alle Kunden verfügen über vollständige Information über sämtliche Preise der Wettbewerber.
- Alle Kunden können jederzeit problemlos, ohne jedweden Zeit- oder Geldverlust, den Hersteller wechseln.
- Alle Arbeitnehmer verfügen über vollkommene Mobilität und werden durch nichts daran gehindert, dort zu arbeiten, wo Bedarf für ihre Dienste besteht.
- Alle Hersteller haben Zugang zu denselben finanziellen Mitteln.

Sind diese Bedingungen erfüllt, ...

- ... so entwickelt sich die Produktion optimal.

- ... so decken die Verkaufspreise genau die Produktionskosten (inklusive der Arbeitslöhne), während der Gewinn letztendlich gegen Null strebt.

Gesetz vom tendenziellen Fall der Profitrate

Auch die – ebenfalls von Arbeit als alleinigem wertstiftenden Kriterium ausgehende – Vorstellung eines tendenziellen Falls der Profitrate ist von einigen zeitgenössischen Ökonomen vielfach kritisiert und von der industriellen Realität Lügen gestraft worden. Marx nahm an, dass die Produktion durch steigenden Investitionsbedarf bei gleichbleibenden Arbeiterlöhnen immer mehr Kapital verschlingen würde, sodass die Gewinnmarge der Kapitalisten immer weiter sinken müsste. Seiner Theorie zufolge würden kapitalistische Unternehmer ihre „Scheinarbeit" irgendwann von selbst aufgeben, wenn die für technischen Fortschritt benötigten Investitionen zu hoch geworden wären.

Bei moderater Konkurrenzlage kann ein Unternehmen, das dieselbe Produktmenge dank technischem Fortschritt nun mit weniger Arbeitskräften produziert, seine Produkte jedoch weiterhin zum gleichen Preis anbieten. Um das oben angeführte Beispiel des Bäckers wieder aufzugreifen: Nur weil der Brotteig inzwischen von einer schnelleren Maschine geknetet wird, haben die Verbraucher dennoch weiterhin denselben Bedarf an Brot und sind nach wie vor bereit, denselben Preis dafür zu zahlen. Betrachtet man Wert als Funktion der Nützlichkeit eines Produkts, ist das Gesetz vom tendenziellen Fall der Profitrate nicht länger gültig.

ERGÄNZUNGEN UND VERWANDTE MODELLE

Soziologie

- **Konzept des sozialen Raums nach Pierre Bourdieu**: Bourdieus Gesellschaftsvorstellung wird weitgehend von Marx' Klassenkampftheorie beeinflusst. Bourdieu erweitert diese Theorie jedoch um weitere Aktivitätsbereiche der Menschen neben der Wirtschaft. So sieht der französische Soziologe den Begriff des Kapitals nicht rein auf seine wirtschaftliche Dimension beschränkt – er definiert zusätzlich zum ökonomischen auch kulturelles und soziales sowie symbolisches Kapital. Nicht alle Individuen verfügen über dieselben finanziellen Mittel – und ebenso wenig über denselben Zugang zu Kultur/Bildung oder zu bestimmten sozialen Netzwerken. All diese Kapitalformen unterliegen wiederum einer Art Gesetz der Kapitalakkumulation. Wirtschaftlicher Reichtum erleichtert den Zugang zu Kultur/Bildung und bestimmten sozialen Kreisen, die wiederum hilfreich dabei sind, mehr wirtschaftliches Kapital anzuhäufen. Dieser positive Kreislauf verstärkt abermals die sozialen Unterschiede einer Gesellschaft, welche sich in Form sozialer Schichten äußern. Zwischen diesen Schichten besteht zwar in der Theorie eine gewisse Mobilität, in der Praxis ist gerade ein „sozialer Aufstieg" jedoch nur sehr schwierig zu realisieren.

- **Soziale Kosmografie nach Henri Mendras**: Der französische Soziologe hat seinerseits die Theorie entwickelt, dass Marx' System sozialer Klassen heutzutage nicht mehr gültig sei. Seiner Meinung nach besteht eine Gesellschaft aus vielen verschiedenen Konstellationen –

wie der Sternenhimmel. Die Vorstellung einer solchen sozialen Kosmografie geht von zahlreichen, ständig stattfindenden Interaktivitäten zwischen den verschiedenen sozialen Gruppen aus. Langfristig bewirken diese Mendras zufolge, dass sich die sozialen Unterschiede einer Gesellschaft immer mehr ausgleichen, sodass die Randgruppen (extrem Reiche und extrem Arme) immer kleiner werden, während die Mittelschicht beständig weiterwächst.

Politik

Abgesehen von dieser sozialen Tragweite haben Marx' Überlegungen auch politisch viel bewirkt. Mit Gründung der kommunistischen Partei wird Marx zu einem einflussreichen Politiker, dessen Ideale die Gesellschaft bald erreichen und in ihrer bisherigen Ordnung erschüttern. Schließlich befürwortet der Intellektuelle in seinem *Manifest der Kommunistischen Partei* eindeutig eine Revolution des europäischen Proletariats, wie sie knapp 70 Jahre später mit der russischen Oktoberrevolution tatsächlich stattfindet. Dabei beruft sich Wladimir Iljitsch Uljanow, besser bekannt als Lenin (russischer Revolutionär und Regierungschef Russlands bzw. der Sowjetunion (1917-1924), 1870-1924), auf Marx' Theorien, als er im Rahmen der Revolution jegliches Privateigentum radikal abschafft und Religion – die er als „Opium des Volks" betrachtet – gewaltsam verbietet.

Generell widerspricht Marx seiner eigenen Aussage, dass der Kapitalismus sich über kurz oder lang selbst vernichten werde, deutlich, indem er eine gewaltsame Revolution als notwendige Grundvoraussetzung für die Abschaffung des Klassenkampfs und den Sieg des Proletariats annimmt.

Wirtschaft

Zweifellos war das 20. Jahrhundert in der westlichen Welt vorwiegend kapitalistisch geprägt, sodass Marx' Theorien dort teilweise etwas in den Hintergrund gerückt sind. Doch aktuellere Wirtschaftskrisen beschäftigen die Experten immer wieder – und einige von ihnen sagen inzwischen abermals das bevorstehende Ende des Kapitalismus voraus.

Finanzmärkte etwa sind in der Realität keineswegs in einem Verhältnis vollständiger

Konkurrenz konzipiert. Wäre dies der Fall, so dürften Banker Geld lediglich zu solchen Zinssätzen verleihen, dass sie zwar davon leben, aber keinesfalls Reichtümer anhäufen könnten. Doch die Wettbewerbsvorteile an diesen Märkten sind dermaßen ungleich verteilt, dass eine finanziell leistungsstarke Bank nahezu ganz von allein immer reicher und reicher wird. Dementsprechend erbringen finanzielle Investitionen durchaus einen Gewinn, der jedoch den Arbeitern in keinster Weise zugutekommt.

Analysten wie Paul Jorion (belgischer Anthropologe und Wirtschaftskolumnist, geboren 1946) zufolge wirft dies verschiedene Probleme auf:

- Das ohnehin schon bestehende Systemungleichgewicht kann so nur zunehmen. Die Abhängigkeit von der Elite der Kapitalisten verschärft sich, indem diesen nun zusätzlich Zinsen bzw. Dividenden zustehen.
- Einige Banken sind inzwischen so übermächtig geworden, dass im (nicht unrealistischen) Fall von Verlustgeschäften einer solchen „Überbank" gleich mehreren anderen Banken, schließlich sogar ganzen Branchen, das Geld

ausgeht. Unternehmen erleben dabei teils drastische Finanzierungsprobleme und können unter Umständen sogar die Gehälter ihrer Mitarbeiter nicht mehr auszahlen.

- Im schlimmsten Fall müssen die Kollektive (der Arbeiter) die kapitalistischen Investoren auszahlen, um eine unkontrollierte Massenausweitung der Probleme („Systemrisiko") zu verhindern.
- Systemrisiken könnten offensichtlich vermieden werden, indem man die Banken verpflichtet, eine bestimmte Größe nicht zu überschreiten, sodass sich die Konkurrenzsituation wieder ausgeglichener gestaltet. Doch da sich auch die Kollektive irgendwie finanzieren müssen, sind sie nun von den Banken abhängig, die sie zuvor gerettet haben. Die Banker sträuben sich allerdings, ihre Gewinnspanne zu reduzieren.

Jorion zufolge funktioniert Kapitalismus heutzutage längst nicht mehr. Wenn der Markt nicht von Anfang an eine halbwegs ausgeglichene Konkurrenzsituation aufweist und solange dabei kein externer Regulationsmechanismus greift, wird sich die Lage auch in Zukunft nicht bessern.

ZUSAMMENGEFASST

Zeitstrahl

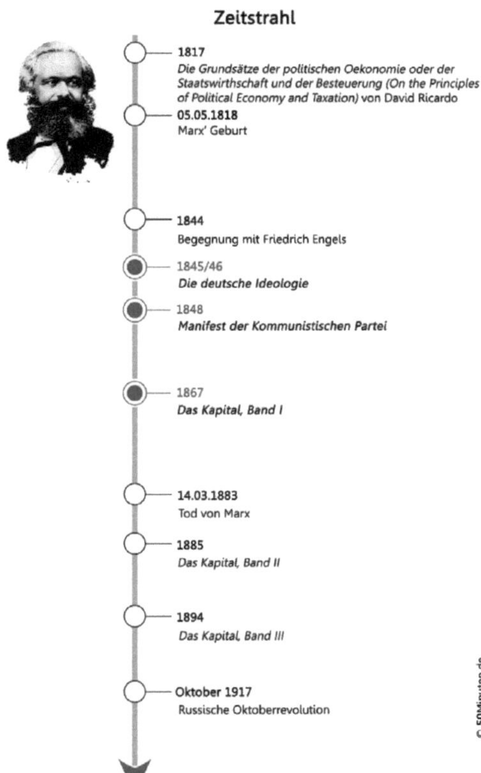

- Marx hat wesentliche Beiträge zur Entwicklung der Wirtschaftstheorie geleistet. Mit seinem Gegenentwurf zu Adam Smiths Theorie und seinen wohldurchdachten Kommentaren zu David Ricardos Arbeiten gilt Marx als einer der wichtigsten Kritiker der klassischen politischen Ökonomie.
- Gleichermaßen als Historiker, Philosoph, Soziologe und Ökonom untersucht Marx die Beziehung der Menschen zu ihrer Umwelt, betrachtet die Gesellschaft als Ganzes und sorgt sich um deren zukünftige Entwicklung.
- Beiträge:
  - Marx vertritt die von Ricardo und Smith bereits in Ansätzen formulierte Auffassung, dass der Wert eines Produkts von der dafür aufgewendeten Arbeit bestimmt wird.
  - Er entwirft ein neues Modell der Gewinnverteilung.
  - Er verankert das Wohlergehen der Arbeiter nicht nur im Arbeitslohn, sondern auch in entsprechenden Möglichkeiten zur individuellen Selbstverwirklichung bei der Arbeit.
- Schwächen der Überlegungen:
  - Marx' System sieht stetige (staatliche) Planung und Überwachung vor und ist damit

wesentlich unpraktischer als die Version von Adam Smith.

- ◦ Marx' Produktwertdefinition ist unvollständig, da sie lediglich geleistete Arbeit mit einbezieht, Verbraucherbedürfnisse jedoch außer Acht lässt. Alle Arten von Arbeit werden als gleich wertvoll angesehen, ohne dabei den Nutzen/Sinn zu berücksichtigen.
- ◦ Marx' Meinung zum technischen Fortschritt zeugt von Voreingenommenheit. In seiner Vorstellung reduziert der Einsatz neuartiger Technologien grundsätzlich die Gewinnspanne – doch in der Realität könnte diese in einer Konkurrenzsituation auch steigen.
- Auswirkungen:
  - ◦ Marx' wirtschaftspolitische Vision hat die russische Oktoberrevolution von 1917 inspiriert.
  - ◦ Marx' Kritik am kapitalistischen System ist nach Auffassung einiger Wirtschaftswissenschaftler teils noch heute gültig in Bezug auf aktuelle Finanzkrisen.

Ihre Meinung ist uns wichtig!
Hinterlassen Sie doch einen Kommentar auf der
Seite unserer Online-Buchhandlung
und teilen Sie Ihre Favoriten in den sozialen
Netzwerken!

DARÜBER HINAUS

WEITERFÜHRENDE LITERATUR

- Bourdieu, Pierre: *Sozialer Raum und „Klassen". Leçon sur la leçon. Zwei Vorlesungen.* Aus dem Französischen von Bernd Schwibs. 3. Aufl. Suhrkamp: Berlin 1985.

- Hosfeld, Rolf: *Karl Marx. Philosoph und Revolutionär. Eine Biographie.* Pantheon: München 2018.

- Jorion, Paul; Maklès, Grégory: Das Überleben der Spezies. Eine kritische, aber nicht ganz hoffnungslose Betrachtung des Kapitalismus. Aus dem Französischen von Marcel Le Comte. Egmont Graphic Novel: Kopenhagen 2014.

- Koenen, Gerd: *Die Farbe Rot. Ursprünge und Geschichte des Kommunismus.* C.H.Beck: München 2017.

- Marx, Karl: *Das Elend der Philosophie. Antwort auf Proudhons „Philosophie des Elends"* (1847). Bernd Müller Verlag: Zittau 2009.

- Marx, Karl: *Das Kapital. Der Gesamtprozess der kapitalistischen Produktion* (Bd. 1, 1867); *Der Produktionsprozess des Kapitals* (Bd. 2, 1885); *Der Zirkulationsprozess des Kapitals* (Bd. 3, 1894). Gesamtausgabe. Zweitausendeins: Leipzig 2017.

- Marx, Karl; Engels, Friedrich: *Die deutsche Ideologie* (1845/46). Hrsg. von Harald Bluhm. Akademie Verlag: Berlin 2009.

- Marx, Karl; Engels, Friedrich: *Die heilige Familie oder Kritik der kritischen Kritik* (1845). Berliner Ausgabe, 3. Aufl. Edition Holzinger: Berlin 2014.

- Marx, Karl; Engels, Friedrich: *Manifest der Kommunistischen Partei* (1848). Neuer Weg: Essen 2018.

- Mendras, Henri: *La seconde révolution française. 1965-1984.* Gallimard: Paris 1988.

- Morina, Christina: *Die Erfindung des Marxismus. Wie eine Idee die Welt eroberte.* Siedler: München 2017.

- Neffe, Jürgen: *Marx. Der Unvollendete.* 3. Aufl. C. Bertelsmann: München 2017.

- Piketty, Thomas: Das Kapital im 21. Jahrhundert. Aus dem Französischen von Ilse Utz und Stefan Lorenzer. 2. Aufl. C.H.Beck: München 2018.

- Piketty, Thomas: *Ökonomie der Ungleichheit. Eine Einführung.* Aus dem Französischen von Stefan Lorenzer. 2. Aufl. C.H.Beck: München 2016.

- Ricardo, David: *Über die Grundsätze der politischen Ökonomie und der Besteuerung* (1817). Aus dem Englischen von Gerhard Bondi. Finanzbuch-Verlag: München 2006.

- Smith, Adam: *Der Wohlstand der Nationen. Eine Untersuchung seiner Natur und seiner Ursachen*

(1776). Hrsg. und gek. von Georg von Wallwitz. Aus
dem Englischen von Horst Claus Recktenwald. dtv:
München 2018.

MEHR AUF 50MINUTEN.DE

- Delaval, Steven: *Das Kapital im 21. Jahrhundert von
  Thomas Piketty (Zusammenfassung & Analyse).
  Aktuelle Verteilungsungleichheiten besser verstehen.*
  Aus dem Französischen von Ruth Alvermann.
  Plurilingua: Brüssel 2018.

- Mimbang, Jean Blaise: *Der komparative
  Kostenvorteil.* Aus dem Französischen von Mareike
  Lobeck. Plurilingua: Brüssel 2018.

www.50Minuten.de

ISBN digitale Ausgabe: 9782808015400

ISBN gedruckte Ausgabe: 9782808015820

Pflichtexemplar: D/2018/12603/550

Cover: © Plurilingua

Digitale Aufbereitung: Primento, der digitale Partner der Herausgeber